Utilizando a MENTE PARA CURAR o corpo

Sandra Barros

SandraBarros Lopes

Sandra Barros. coach comportamental, empresária e estudante de Medicina Integrativa. Desde jovem, desenvolvi uma paixão pelo estudo da mente humana e suas infinitas possibilidades. Aos 20 anos, construí meu próprio negócio, um empreendimento que não apenas floresceu, mas também me proporcionou uma plataforma para explorar e aplicar minhas descobertas sobre o poder do pensamento e da mente.

Minha jornada, no entanto, não foi isenta de desafios. Passei a maior parte da minha vida lidando com uma condição debilitante: a dermatite atópica. A alergia era tão intensa que afetava cada centímetro do meu corpo, desde a ponta dos pés até a cabeça. Esse sofrimento físico constante não apenas testou minha resiliência, mas também me forçou a buscar respostas e soluções além da medicina tradicional.

Foi através do treinamento mental que encontrei um caminho para a cura. Ao investir diariamente na reprogramação da minha mente, não só superei a dermatite, mas também transformei minha vida de maneiras que nunca imaginei ser possível. Essa experiência me inspirou a compartilhar minha história e as técnicas que aprendi ao longo do caminho.

Hoje, meu objetivo é ajudar outras pessoas a descobrir o poder incrível que reside dentro de cada um de nós. Este livro é uma compilação da minha jornada, das lições que aprendi e dos métodos que apliquei para superar obstáculos aparentemente intransponíveis. Espero que minha história e as ferramentas que compartilho aqui possam inspirar você a investir em sua própria mente e a transformar sua vida.

Bem-vindo à jornada de autodescoberta e transformação. Vamos embarcar juntos nessa viagem rumo a um futuro repleto de possibilidades e realizações.

ÍNDICE

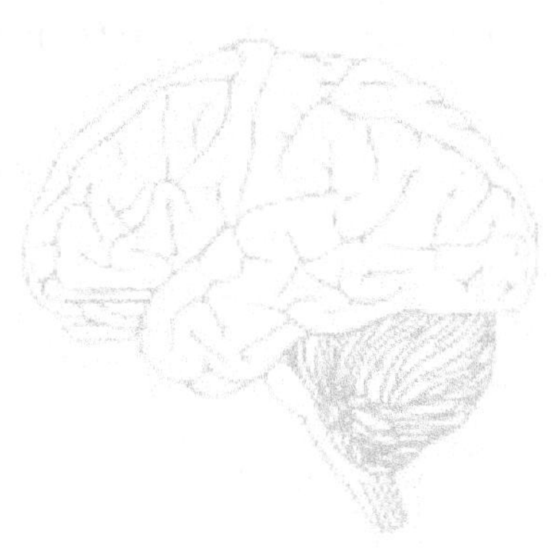

Capítulo I

O Início de Tudo
A Influência Pré-Natal

Os primeiros anos de vida, e até mesmo a fase pré-natal, são cruciais para o desenvolvimento da mente e do corpo. Estudos mostram que o ambiente emocional e físico da mãe durante a gestação pode ter efeitos duradouros na saúde do bebê. No meu caso, acredito que esses fatores contribuíram para a manifestação da dermatite atópica desde cedo.

No entanto, esses desafios também foram uma escola de resiliência e autoconhecimento.

A cada surto de alergia, eu me perguntava como poderia lidar melhor com a situação.

A dermatite atópica é amplamente influenciada pelo estado emocional e pelo estresse. Compreender essa conexão foi o primeiro passo para o meu processo de cura. Práticas de meditação, e técnicas de relaxamento se tornaram parte integrante da minha rotina. Aprendi que acalmar a mente, era possível reduzir os sintomas físicos da alergia.

Viver com dermatite atópica não foi fácil. A coceira constante, a pele inflamada e as restrições alimentares me colocaram à prova diariamente. Além disso, enfrentei um desafio adicional: fiquei careca três vezes durante minha infância. Cada episódio de perda de cabelo foi extremamente difícil para mim, afetando profundamente minha autoestima e minha visão de mim mesma. Cada vez que eu perdia o cabelo, sentia uma grande tristeza e baixa autoestima. Lidar com a calvície em uma idade tão jovem trouxe todo tipo de insegurança e transtornos emocionais. Eu me sentia diferente dos outros, e essa sensação de não pertencimento me acompanhou durante anos. O impacto psicológico foi devastador, e esses sentimentos negativos influenciaram várias áreas da minha vida, desde o desempenho escolar até as interações sociais.

Nossa infância é uma fase crucial que molda nossa visão de mundo e de nós mesmos. Experiências traumáticas ou difíceis nessa fase podem influenciar toda a nossa vida, criando crenças limitadoras que carregamos até a idade adulta. Minha infância foi marcada por desafios extremos que testaram minha resiliência e moldaram quem sou hoje.

O Corpo Dominado pela Alergia

A alergia era tão severa que se espalhava da ponta dos pés até a cabeça. Meu corpo inteiro estava dominado pela dermatite, causando infecções e desconforto constantes. Lembro-me de noites sem dormir devido à coceira incessante e da dor física que parecia insuportável. Havia momentos em que eu pensava que não sobreviveria àquilo, que meu corpo estava falhando completamente.

Era como se meu corpo estivesse traindo minha própria existência, deixando-me vulnerável e exposto ao julgamento dos outros.

No entanto, acredito que sobrevivi a esses desafios por um motivo. Acredito que tenho um propósito maior neste mundo, uma missão que me fez passar por tudo isso e ainda estar vivo hoje. Essa convicção me deu forças para continuar lutando, mesmo nos momentos mais difíceis. Quero que você, leitor, também encontre esse propósito maior em sua vida, algo que lhe dê forças para superar os desafios e seguir em frente.

Quando se passa por um sofrimento físico tão intenso e persistente, é inevitável que a mente seja profundamente afetada. Como criança, adolescente ou até mesmo adulto, a forma como enxergamos o mundo e a nós mesmos pode se distorcer significativamente. É comum questionar a existência de Deus ou um propósito maior, especialmente quando a dor e o desconforto parecem implacáveis e sem fim.

Sentimentos de Insegurança e Isolamento

A condição física e a aparência alterada frequentemente resultam em sentimentos de insegurança e isolamento.

O medo do julgamento e a vergonha do próprio corpo podem levar a uma retirada social, onde a pessoa evita interações e atividades sociais para se proteger de olhares curiosos e comentários insensíveis. Esses sentimentos podem criar uma espiral de negatividade, dificultando ainda mais a saída desse ciclo doloroso.

Muitas vezes, a dor constante leva a questionamentos existenciais profundos. Perguntas como "Por que eu?" ou "Qual é o propósito de tanto sofrimento?" são comuns. A crença em um mundo justo e ordenado pode ser abalada, e a fé, seja ela religiosa ou espiritual, pode ser severamente testada. Sentir-se abandonado ou punido por forças maiores é uma reação comum quando o sofrimento parece não ter fim.

A forma como uma pessoa que passa por tais experiências reage ao mundo externo pode variar. Algumas podem desenvolver uma atitude defensiva ou agressiva como mecanismo de proteção, enquanto outras podem se tornar extremamente sensíveis e retraídas. A capacidade de confiar nos outros e de formar relacionamentos significativos pode ser seriamente comprometida.

Libertar-se desses pensamentos e sentimentos é uma tarefa árdua e, muitas vezes, parece impossível. A mente, condicionada por anos de sofrimento, cria padrões de pensamento que são difíceis de romper. No entanto, com o devido investimento na própria mente, é possível iniciar um processo de transformação que leva à cura e ao crescimento.

Apesar da minha pouca idade, passei por uma fase extremamente dolorosa. A dermatite atópica não era apenas uma condição física; ela afetava minha autoestima e minhas interações sociais. No entanto, em meio a todo esse sofrimento, tive a felicidade de ter minha mãe sempre ao meu lado. Sua presença constante foi um alicerce inabalável durante esses anos difíceis.

Minha mãe, apesar de sua pouca instrução formal, se dedicava incansavelmente a cuidar de mim. Ela tentava de tudo, desde uma alimentação restritiva até remédios caseiros, na esperança de que algo pudesse aliviar meu sofrimento. Mas, infelizmente, nada parecia ajudar a melhorar essa doença implacável. Lembro-me, como se fosse hoje, dos momentos em que, mesmo já estando pesada, minha mãe precisava me carregar para tomar banho ou ir ao banheiro. Eu sabia o quanto isso era difícil para ela, não apenas pelo esforço físico, mas pela dor emocional de me ver naquele estado debilitado.

Ela cuidava de mim quase que completamente sozinha. Meu pai, devido ao trabalho, estava frequentemente viajando, e nosso contato era limitado. A ausência dele apenas aumentava o fardo sobre os ombros da minha mãe, que, apesar de tudo, nunca deixava de mostrar força e amor incondicional.

Havia noites em que eu chorava de dor e desespero, sentindo-me presa em um corpo que parecia ser meu inimigo. No entanto, algo dentro de mim sempre me consolava. Em meio às lágrimas e à tristeza, eu ouvia uma voz suave e reconfortante que dizia que tudo isso passaria e que eu não estava sozinha. Essa voz era como um sopro de esperança em meio ao caos, uma lembrança de que, mesmo nas horas mais sombrias, havia algo maior me guiando e protegendo.

Minha mãe é uma das grandes heroínas da minha vida. Sua força, dedicação e amor incondicional não apenas me ajudaram a sobreviver a esses anos difíceis, mas também plantaram em mim a semente da resiliência. Foi essa resiliência que, mais tarde, me capacitou a buscar respostas e soluções para minha condição, levando-me à descoberta do poder da mente e à superação da dermatite.

Essa experiência me ensinou que, mesmo nos momentos mais difíceis, há sempre uma luz no fim do túnel. E que, com o apoio certo e uma fé inabalável, é possível superar qualquer adversidade. É essa mensagem de esperança e força interior que quero compartilhar com você através deste livro. Porque, assim como eu, acredito que todos temos a capacidade de transformar nossas vidas e encontrar um propósito maior em meio às dificuldades.

Tantas foram as experiências traumáticas que decorreram de uma série de acontecimentos desde minha infância que citar cada uma certamente não caberia nesta edição. Mesmo com tudo o que eu passava, continuei a crescer e a aprender a conviver com essa doença. Imagine o tanto de bullying que sofri na escola e em outros ambientes, inclusive por parte da minha própria família, que me olhava como se eu fosse uma mutante. Enquanto crescia, eu apenas tentava sobreviver a isso tudo.

Desenvolvi um amor profundo por boas leituras, e os livros se tornaram meu refúgio. Eles eram tudo que eu tinha naqueles momentos solitários, quando muitas pessoas me queriam longe. Entendo agora que havia preconceito e medo; muitos pensavam que minha condição poderia ser contagiosa ou algo assim. Enquanto crescia, estudava e buscava entender como poderia me curar.

O preconceito e a ignorância alheios faziam com que minha solidão fosse ainda mais dolorosa. Havia dias em que as palavras duras e os olhares de desprezo pesavam tanto que parecia impossível encontrar um caminho de saída. Mas os livros, com suas histórias de superação e sabedoria, ofereciam um mundo onde eu podia encontrar conforto e esperança. Eles me mostravam que, apesar das circunstâncias, eu tinha a capacidade de mudar minha realidade.

Durante minha adolescência, o bullying na escola era constante. Meus colegas não compreendiam minha condição e faziam questão de me lembrar diariamente que eu era diferente. Os apelidos cruéis e as risadas às minhas custas deixaram marcas profundas em minha autoestima. A dor emocional se somava à dor física, criando um ciclo de sofrimento que parecia interminável.

Minha família, embora presente, muitas vezes não sabia como lidar com a situação. Olhavam para mim com pena e desconforto, e eu sentia que não pertenciam àquele mundo. No entanto, eu sempre mantinha a esperança de que um dia as coisas poderiam melhorar. Minha mãe, em sua simplicidade e dedicação, era minha maior defensora. Seu amor incondicional me dava forças para continuar, mesmo quando tudo parecia desmoronar.

Apesar de todas as adversidades, eu me recusei a desistir. Aos poucos, fui desenvolvendo uma força que me permitia enfrentar cada dia com um pouco mais de coragem. Comecei a buscar respostas, a estudar minha condição e a procurar maneiras de aliviar meu sofrimento. Foi nesse período que me deparei com obras que discutiam o poder da mente e a capacidade do pensamento positivo para transformar vidas.

Aos 25 anos, minha vida começou a mudar de maneira significativa. Foi então que me deparei com o livro "Mais Esperto que o Diabo", de Napoleon Hill. Esse livro foi um divisor de águas para mim. As ideias e ensinamentos de Hill sobre o poder do pensamento positivo e a importância de um propósito definido me deram uma nova perspectiva sobre minha vida e minha condição. Percebi que, para mudar minha realidade, eu precisava mudar a maneira como pensava e via a mim mesma.

Decidi investir em minha mente, começando uma formação na Escola Americana de Coaches, uma instituição internacional renomada. Esse curso me abriu um universo de conhecimento e me forneceu ferramentas práticas para reprogramar minha mente e transformar minha vida. Foi o início de uma nova jornada, uma jornada de autodescoberta e cura.

Ao longo desse caminho, comecei a compreender que minha doença não definia quem eu era. Aprendi a amar e aceitar a mim mesma, a nutrir minha mente com pensamentos positivos e a desenvolver hábitos saudáveis que me ajudaram a superar os desafios diários. A meditação, a leitura e o estudo contínuo se tornaram pilares em minha vida, proporcionando-me a força e a resiliência necessárias para enfrentar qualquer adversidade.

Hoje, ao compartilhar minha história, espero inspirar outras pessoas a acreditar em seu potencial e a investir em sua própria mente. Porque, assim como eu, acredito que todos temos a capacidade de transformar nossas vidas e encontrar um propósito maior, mesmo nas circunstâncias mais difíceis.

Capítulo II

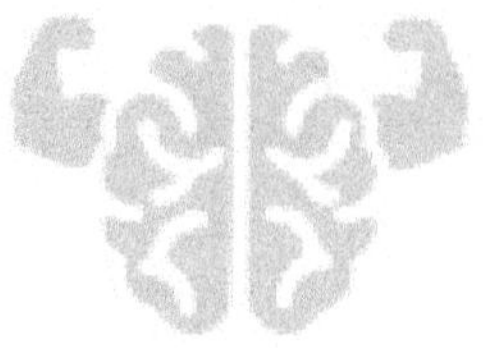

Descobrindo o Poder da Mente

A neurociência moderna oferece inúmeras ferramentas para reprogramar a mente. Técnicas como a neuroplasticidade mostram que nosso cérebro é capaz de se reorganizar e criar novas conexões ao longo da vida.

Utilizei esses princípios para treinar minha mente a responder de maneira diferente aos gatilhos da dermatite.
Incorporei várias práticas diárias para fortalecer minha mente e meu corpo. Entre elas, a visualização positiva, afirmações diárias e exercícios de gratidão. Essas práticas não apenas reduziram meus sintomas de alergia, mas também me ajudaram a cultivar uma mentalidade mais positiva e resiliente.

A descoberta do poder da mente é uma experiência transformadora, uma revelação que muda completamente a forma como vemos a nós mesmos e o mundo ao nosso redor. É como encontrar um tesouro escondido dentro de nós, um recurso ilimitado de potencial e capacidade que nunca imaginamos possuir.

Quando alguém percebe que tem esse poder dentro de si, é como se uma luz se acendesse em meio à escuridão. As dúvidas, os medos e as inseguranças que antes pareciam insuperáveis começam a desaparecer, dando lugar a uma sensação de força e confiança. A pessoa passa a enxergar a vida de uma nova perspectiva, percebendo que as limitações que antes a aprisionavam eram, na verdade, criações da sua própria mente. Essa descoberta é acompanhada por um sentimento avassalador de euforia e empolgação. A mente se abre para novas possibilidades e o coração se enche de esperança. É como se uma porta invisível se abrisse, revelando um caminho antes oculto, repleto de oportunidades e realizações.

O Que a Mente de Deus Diria Para Quem Busca Elevar Sua Mente

"Minha querida criança, eu vejo seu esforço, sua dor e sua determinação. Saiba que você possui dentro de si um potencial ilimitado, um reflexo da minha própria essência. Você foi criado à minha imagem e semelhança, dotado de uma mente poderosa e capaz de criar e transformar sua própria realidade."

Ao buscar elevar sua mente, você está se conectando com a sua verdadeira natureza divina. Lembre-se de que tudo começa com o pensamento. Seus pensamentos são sementes que plantam o futuro que você deseja colher. Cultive pensamentos de amor, bondade, gratidão e propósito. Esses são os elementos que alinham você com o fluxo do universo e abrem portas para a manifestação dos seus sonhos.

Confie na jornada. Mesmo nas dificuldades, há lições valiosas que fortalecem seu espírito e expandem sua consciência. Veja cada desafio como uma oportunidade para crescer, para se conhecer melhor e para se aproximar de mim. Estou sempre com você, guiando-o e sustentando-o, mesmo quando você não percebe.

Pratique a gratidão diariamente. Agradeça pelo que você tem e pelo que está a caminho. A gratidão eleva sua vibração e o sintoniza com a abundância do universo. O que você deseja já existe no campo das possibilidades; é sua fé e suas ações que o trarão para a sua realidade.

Medite e encontre a quietude dentro de si. É na quietude que você ouvirá minha voz, sutil mas constante, guiando-o com sabedoria e amor. A meditação é um portal para a sua essência divina, onde você pode acessar a paz que ultrapassa todo o entendimento. Lembre-se de cuidar do seu corpo, pois ele é o templo da sua alma. Alimente-se com comidas que nutrem e energizam, mova-se com alegria e descanse adequadamente. Um corpo saudável suporta uma mente forte e clara.
Ame-se incondicionalmente. Aceite suas imperfeições e celebre suas qualidades. Você é um ser único, com um propósito especial. Ame aos outros como a si mesmo, espalhando compaixão e luz por onde passar.

Permita-se sonhar grande e acreditar em seus sonhos. Eu plantei esses sonhos em seu coração por uma razão. Eles são o chamado da sua alma para realizar seu propósito divino. Siga-os com coragem e determinação, sabendo que estou ao seu lado em cada passo do caminho.
E, acima de tudo, confie no processo. A elevação da mente é uma jornada contínua, uma dança entre o ser e o tornar-se. Abra-se para o aprendizado e a transformação, e saiba que, a cada momento, você está se aproximando mais da sua verdadeira essência divina.

Quando uma pessoa finalmente descobre o poder que reside dentro da sua própria mente, é comum surgir uma sensação de que essa informação foi mantida escondida dela durante toda a vida. É como se, de repente, um véu fosse retirado, revelando um segredo que poderia ter transformado tudo se tivesse sido revelado antes.

Você pode sentir uma mistura de surpresa e indignação ao perceber que, por tanto tempo, viveu de maneira limitada, sem saber que tinha o controle sobre seu destino. Esse conhecimento, que poderia ter poupado anos de sofrimento e luta, parece ter sido deliberadamente mantido em segredo. Se você tivesse conhecido esse poder antes, tantas escolhas, tantos caminhos poderiam ter sido diferentes. Essa revelação pode ser um divisor de águas, mudando radicalmente a forma como você vê seu passado, presente e futuro.

Você se pergunta como é possível que ninguém tenha lhe contado isso antes. Você já leu tantos livros, assistiu a tantas palestras, mas a consciência desse poder incrível nunca havia sido claramente apresentada a você. A educação tradicional raramente aborda a importância do poder mental, deixando muitos de nós na escuridão sobre o potencial ilimitado que possuímos.

Essa sensação de descoberta pode ser ao mesmo tempo empolgante e avassaladora. Empolgante porque agora você sabe que tem a capacidade de mudar sua vida de maneiras que antes pareciam impossíveis. Avassaladora porque você se dá conta do tempo perdido, dos anos em que viveu sem explorar todo o seu potencial.

Mas em vez de focar no tempo perdido, use essa realização como um catalisador para a mudança. Compreenda que nunca é tarde demais para começar. Cada dia é uma nova oportunidade para investir em sua mente e transformar sua realidade. A informação que você descobriu agora é uma ferramenta poderosa, pronta para ser usada para criar a vida que você sempre desejou.

Aqui está um guia prático para começar essa transformação:

Auto-reflexão Diária: Reserve um tempo todos os dias para refletir sobre seus pensamentos e emoções. Pergunte-se o que você realmente deseja e quais crenças limitadoras estão impedindo seu progresso.

Prática da Gratidão: Comece e termine o dia listando coisas pelas quais você é grato. Isso mudará sua perspectiva e o ajudará a focar nos aspectos positivos da vida.

Meditação: Dedique alguns minutos por dia para meditar. Isso ajudará a acalmar a mente, reduzir o estresse e aumentar a clareza mental.

Leitura de Livros Inspiradores: Encontre livros que desafiem suas crenças atuais e ampliem sua compreensão do mundo. Busque autores que falem sobre o poder da mente, desenvolvimento pessoal e crescimento espiritual.

Visualização: Imagine detalhadamente a vida que você deseja criar. Visualize-se alcançando seus objetivos e vivendo em abundância e felicidade.

Afirmações Positivas: Crie afirmações que reforcem seu poder pessoal e seu valor. Repita-as diariamente para reprogramar sua mente subconsciente.

Cercar-se de Influências Positivas: Passe tempo com pessoas que inspiram e motivam você. Evite ambientes e indivíduos que drenam sua energia ou reforçam crenças limitadoras.

Ação Consistente: Transformação real requer ação. Defina metas claras e tome medidas diárias, por menores que sejam, para alcançá-las.

A cada passo que você dá nessa jornada, perceberá que tem mais controle sobre sua vida do que jamais imaginou. O poder de sua mente é vasto e, ao usá-lo conscientemente, você pode moldar seu destino e criar uma realidade que reflita seus maiores sonhos e aspirações.
Você pode se sentir como se tivesse descoberto um superpoder, e de certa forma, é exatamente isso. Esse poder estava dentro de você o tempo todo, esperando ser descoberto e utilizado. Agora que você o encontrou, o que fará com ele? A escolha é sua, e as possibilidades são infinitas. Invista em sua mente, cultive esse poder e observe como sua vida se transforma de maneiras extraordinárias.

Capítulo III

Reprogramando a Mente

"Você se torna aquilo que pensa a maior parte do tempo."
– Earl Nightingale

Reprogramar a mente é uma tarefa árdua, uma jornada que muitas vezes parece interminável. Percebi, ao longo dos anos, que é um processo repleto de desafios e armadilhas. Os pensamentos de escassez e negatividade, enraizados desde a infância, surgem dia após dia, como se estivessem determinados a nos lembrar das limitações que aprendemos a aceitar. Ler um livro após o outro, assistir inúmeras palestras e investir pesadamente em autoconhecimento pode, às vezes, parecer um esforço em vão. A sensação de progresso mínimo, a constante regressão a padrões negativos repetitivos, pode fazer com que essa jornada pareça uma prisão impenetrável.

Houve dias em que eu achava que nada do que estava fazendo estava funcionando. Sentia-me desanimada, frustrada, desejando ver progressos imediatos, milagres que transformassem minha vida rapidamente. No entanto, é importante entender que tudo tem seu tempo. Assim como levei anos para me condicionar a tais pensamentos negativos, não seria diferente para mudá-los. A reprogramação mental exige paciência, persistência e, acima de tudo, um compromisso contínuo com a mudança.

A neuroplasticidade é a incrível capacidade do cérebro humano de reorganizar suas conexões sinápticas em resposta a novas experiências, aprendizado e práticas repetitivas. Isso significa que, com esforço e tempo, é possível mudar padrões de pensamento e comportamento profundamente arraigados.
Vamos explorar isso com alguns exemplos reais e humanos, de forma que você possa facilmente entender e se conectar com essa capacidade transformadora.
Desde pequena, sempre gostei de cantar. A música era uma paixão que trazia alegria e conforto para minha vida.

No entanto, quando se tratava de me apresentar em público, o medo e o pânico tomavam conta de mim. Eu ficava nervosa, com as mãos suando e a voz trêmula. Esse medo profundo me impedia de compartilhar minha paixão com os outros e, muitas vezes, me sentia frustrada e triste por não conseguir superar essa barreira. Minha mãe percebeu o quanto eu amava cantar e o quanto esse medo me limitava. Decidida a me ajudar, ela me inscreveu em competições de canto locais. No início, a ideia de cantar na frente de um público me aterrorizava. Eu me sentia vulnerável e exposta, mas minha mãe estava sempre ao meu lado, me encorajando e apoiando em cada passo.

Minha primeira competição foi um verdadeiro teste de coragem. Subi ao palco com o coração disparado, mas consegui cantar minha música. Não foi perfeito, mas eu fiz isso. Com cada apresentação, comecei a perceber pequenas mudanças. A cada vez que subia ao palco, sentia um pouco menos de medo e um pouco mais de confiança. Minha mãe estava sempre lá, me incentivando a continuar, independentemente dos resultados.

Com o tempo, essas apresentações frequentes começaram a transformar meu medo em prazer. Eu praticava horas e horas em casa, aperfeiçoando minha técnica e me familiarizando com o palco. A prática constante começou a reprogramar minha mente. As conexões sinápticas associadas ao medo e ao pânico começaram a enfraquecer, enquanto novas conexões, ligadas à confiança e ao prazer de cantar, se fortaleciam.

Finalmente, comecei a me sentir em casa no palco. A música fluía com mais naturalidade, e eu podia ver a resposta positiva do público, o que reforçava ainda mais minha nova mentalidade. Hoje, posso subir ao palco e cantar com alegria e confiança, algo que parecia impossível quando comecei essa jornada. A prática e a persistência me ajudaram a reprogramar minha mente, transformando o medo em uma paixão vivida plenamente.

Passos Diários para a Reprogramação Mental

Baseando-se em minha experiência, aqui estão alguns passos práticos que você pode seguir diariamente para reprogramar sua mente:

Identifique o Padrão que Deseja Mudar: Reconheça o hábito ou pensamento negativo que você deseja mudar. No meu caso, era o medo de cantar em público.

Introduza Novas Experiências: Envolva-se em atividades que desafiem o comportamento negativo. Para mim, foram as competições de canto.

Pratique Consistentemente: A repetição é fundamental para criar novas conexões sinápticas. Pratique regularmente o novo comportamento desejado.

Use Visualização e Afirmações: Imagine-se realizando o novo comportamento com sucesso e repita afirmações positivas. Visualizei-me cantando com confiança e repetia para mim mesma que eu podia superar o medo.

Celebre Pequenas Vitórias: Reconheça e celebre cada pequeno progresso. Cada apresentação foi uma vitória que reforçou minhas novas conexões neurais.

Mantenha um Diário: Documente seu progresso e reflexões. Anotei meus sentimentos e progresso após cada apresentação, o que me ajudou a ver o crescimento ao longo do tempo.

Rodeie-se de Apoio Positivo: Tenha pessoas ao seu redor que apoiem seu crescimento. Minha mãe foi um pilar de apoio crucial em minha jornada.

Pratique a Atenção Plena (Mindfulness): A prática da atenção plena ajuda a estar presente no momento e a observar seus pensamentos sem se identificar com eles. Isso pode reduzir a ansiedade e aumentar a autoconsciência.

Exercite a Autocompaixão: Seja gentil consigo mesmo. Trate-se com a mesma compaixão que ofereceria a um amigo querido.

Cuide do Corpo: Mantenha uma rotina de exercícios físicos, alimentação saudável e descanso adequado. Um corpo saudável apoia uma mente forte.

A reprogramação mental é uma jornada contínua que requer paciência e persistência. Assim como eu transformei meu medo de cantar em público em uma fonte de alegria, você também pode superar suas barreiras e reprogramar sua mente para alcançar seus sonhos.

Lembre-se, cada passo conta, e a transformação profunda leva tempo. Continue investindo em sua mente e observe as maravilhas que podem acontecer.

A reprogramação mental não é um conceito novo; muitos grandes mestres e filósofos ao longo da história desenvolveram e praticaram técnicas para transformar suas mentes e alcançar níveis mais altos de compreensão, realização e sucesso. Aqui estão algumas abordagens utilizadas por diferentes mestres ao longo dos séculos:

Meditação e Contemplação

Exemplos: Buda, Rishis Hindus, Mestres Zen
Desde os tempos antigos, mestres espirituais como Buda, os rishis hindus e os mestres zen utilizavam a meditação para acalmar a mente, ganhar clareza e insight, e desenvolver um profundo autoconhecimento. Essas práticas eram centrais em suas tradições espirituais.

Práticas:

Meditação Silenciosa: Sentar em silêncio e observar a respiração ou repetir mantras.
Contemplação: Refletir profundamente sobre ensinamentos espirituais, conceitos filosóficos ou questões pessoais.
Mindfulness: Praticar a atenção plena no momento presente.

Auto-Disciplina e Ascetismo

Exemplos: Grandes mestres como São Francisco de Assis, os monges tibetanos e Gandhi utilizavam a autodisciplina e o ascetismo para fortalecer a vontade e purificar a mente. Ao praticar a austeridade e renunciar a prazeres mundanos, eles buscavam superar desejos e apegos materiais.

Práticas:

Jejum: Abster-se de alimentos por períodos determinados para purificação física e mental.
Vigília: Permanecer acordada e vigilante para aumentar a consciência e a disciplina.
Simplicidade: Não focar em recursos materiais para focar na espiritualidade e no crescimento interno.

Estudo e Reflexão
Exemplos: Confúcio, Aristóteles, Santo Agostinho

Mestres como Confúcio, Aristóteles e Santo Agostinho dedicavam-se ao estudo de textos sagrados, filosóficos e científicos, seguido de profunda reflexão. Isso os ajudava a expandir a mente e desenvolver uma compreensão mais ampla e profunda do mundo e de si mesmos.

Práticas:

Leitura e Estudo: Dedicar-se ao estudo de obras clássicas, religiosas ou filosóficas.
Diálogo: Engajar-se em debates e discussões para testar e refinar o entendimento.
Escrita: Registrar pensamentos, reflexões e insights para consolidar o aprendizado.

Visualização e Afirmação

Exemplos: Xamãs, Yogi, Antigos Guerreiros

Muitos mestres antigos, como xamãs, yogis e guerreiros, utilizavam a visualização e a repetição de afirmações para reprogramar a mente subconsciente, promover a autoconfiança e materializar objetivos e intenções.

Práticas:

Visualização Criativa: Imaginar cenas detalhadas de sucesso, cura ou realizações pessoais.
Afirmações Positivas: Repetir frases positivas para reforçar novas crenças e intenções.
Rituais: Executar rituais simbólicos para manifestar desejos e fortalecer a mente.

Serviço e Altruísmo

Exemplos: Madre Teresa, Dalai Lama, Nelson Mandela

O serviço aos outros e o altruísmo eram práticas comuns entre mestres como Madre Teresa, Dalai Lama e Nelson Mandela. Eles viam o serviço como uma forma de transcender o ego e desenvolver compaixão, empatia e uma mentalidade de abundância.

Práticas:

Voluntariado: Dedicar tempo e recursos para ajudar os necessitados.
Atos de Bondade: Realizar pequenos atos de bondade diariamente para cultivar uma mente generosa.
Mentoria: Guiar e apoiar outros em suas jornadas pessoais e espirituais.

Conclusão

Os grandes mestres do passado usavam uma variedade de técnicas para reprogramar suas mentes, todas elas centradas na transformação interna e no desenvolvimento de uma compreensão mais profunda de si mesmos e do mundo. Meditação, autodisciplina, estudo, visualização e serviço são apenas algumas das práticas que eles utilizavam para alcançar um estado de mente elevado e uma vida mais plena e significativa. Essas práticas ainda são relevantes hoje e podem ser adaptadas para atender às nossas necessidades contemporâneas de reprogramação mental.

A Armadilha do Ciclo Automático: Por Que Investir na Mente Deve Ser a Sua Prioridade

Todos nós temos padrões de comportamento e pensamento que se repetem automaticamente, quase como se estivéssemos em um estado hipnótico. Esses ciclos automáticos, quando não reconhecidos e interrompidos, podem nos levar a agir de maneiras que não beneficiam nosso crescimento pessoal ou financeiro. Vamos explorar essa ideia de uma forma atual e compreensível, e por que investir na mente deve ser a sua prioridade para evitar cair nessa armadilha.

O Que É o Ciclo Automático?

O ciclo automático é o padrão repetitivo de pensamentos e comportamentos que ocorrem sem uma reflexão consciente. Esses padrões são formados ao longo do tempo e podem ser influenciados por experiências passadas, crenças, hábitos e o ambiente. Quando estamos presos nesse ciclo, agimos de maneira mecânica, sem questionar ou avaliar se nossas ações estão nos levando na direção dos nossos objetivos.

Como o Ciclo Automático
Afeta a Vida Financeira

1. Decisões Financeiras Impulsivas:
A repetição de comportamentos impulsivos, como compras por impulso ou decisões de investimento mal pensadas, pode levar a uma situação financeira precária. Sem uma reflexão consciente, continuamos a repetir esses erros.

2. Autossabotagem:
Muitas vezes, crenças limitantes sobre dinheiro e sucesso nos mantêm presos em um ciclo de autossabotagem. Pensamentos como "nunca serei rico" ou "não sou bom com dinheiro" reforçam comportamentos que confirmam essas crenças.

Falta de Planejamento:

Sem parar para planejar e refletir sobre nossos objetivos financeiros, acabamos vivendo de um salário a outro, sem uma visão clara do futuro. A falta de planejamento nos mantém presos em um ciclo de sobrevivência, em vez de prosperidade.

Como Escapar da Armadilha
do Ciclo Automático

1. Autoconsciência
Descrição:

Desenvolver autoconsciência é o primeiro passo para quebrar o ciclo automático. Isso envolve observar seus pensamentos e comportamentos sem julgamento.

Práticas:

Journaling: Escrever sobre seus pensamentos e ações diárias para identificar padrões repetitivos.
Mindfulness: Praticar a atenção plena para aumentar a consciência do momento presente e das suas reações automáticas.

2. Reprogramação de Crenças
Descrição:

Identificar e reprogramar crenças limitantes é crucial. Substitua pensamentos negativos por crenças que promovam o crescimento e a prosperidade.
Práticas:

Afirmações Positivas: Crie afirmações que reflitam as novas crenças que você deseja adotar.
Terapia Cognitivo-Comportamental: Trabalhe com um terapeuta para identificar e modificar padrões de pensamento negativos.

3. Planejamento e Metas
Descrição:

Estabelecer metas claras e criar um plano financeiro estruturado ajuda a direcionar suas ações de maneira consciente, evitando comportamentos automáticos.

Práticas:

Definição de Metas: Escreva metas financeiras específicas, mensuráveis, alcançáveis, relevantes e com prazo definido (SMART).
Planejamento Financeiro: Crie um orçamento e um plano de investimentos para orientar suas decisões financeiras.

4. Educação Contínua
Descrição:

Investir na sua educação financeira e pessoal é essencial para escapar do ciclo automático. Quanto mais conhecimento você tem, mais preparado está para tomar decisões informadas.
Práticas:

Leitura e Cursos: Leia livros sobre finanças pessoais e participe de cursos para aumentar seu conhecimento.
Workshops e Seminários: Participe de eventos que ofereçam insights e estratégias práticas para o crescimento financeiro.

5. Ambiente Positivo
Descrição:

Crie um ambiente que apoie suas novas crenças e comportamentos. Isso inclui cercar-se de pessoas que compartilham seus objetivos e valores.

Rede de Apoio: Construa uma rede de amigos, mentores e colegas que incentivem seu crescimento.
Espaço Físico: Organize seu ambiente físico para promover produtividade e bem-estar.

Conclusão

O ciclo automático é uma armadilha que pode nos manter estagnados e impedir nosso progresso financeiro e pessoal. Investir na mente, desenvolvendo autoconsciência, reprogramando crenças, planejando metas, educando-se continuamente e criando um ambiente positivo, é fundamental para escapar dessa armadilha. Ao fazer isso, você pode viver de forma mais consciente e alinhada com seus objetivos, alcançando uma vida de maior realização e sucesso.

O Poder da Pequena Mudança

Descrição:

Pequenas mudanças em hábitos podem ter um efeito dominó,
levando a melhorias significativas ao longo do tempo. Ao focar
em pequenas, mas consistentes alterações, é possível criar um
impacto positivo e duradouro na vida.

Práticas:
1% de Melhoria Diária: Focar em melhorar apenas 1% a cada dia
pode levar a grandes mudanças ao longo do tempo.
Micro-hábitos: Implementar pequenos hábitos que são fáceis de
manter, como beber um copo de água ao acordar.

Substituição de Hábitos

Descrição:

Em vez de tentar eliminar um hábito ruim, é mais eficaz
substituí-lo por um comportamento positivo. Encontrar uma
rotina saudável que ofereça uma recompensa similar pode
facilitar a transição.

Adotar uma nova perspectiva sobre hábitos revela que pequenas
mudanças consistentes podem levar a grandes resultados.
Identificar e analisar hábitos, implementar pequenas melhorias
diárias, substituir hábitos negativos por positivos, e criar um
ambiente de apoio são passos fundamentais para alcançar
sucesso e autorrealização.

Investir na transformação dos hábitos não só melhora a vida
financeira, mas também promove bem-estar geral e crescimento
pessoal. Ao focar nessas pequenas mudanças, você pode criar
uma vida alinhada com seus objetivos e cheia de realizações.

Capítulo IV

Desenvolvendo Autoconsciência

A autoconsciência é o processo de entender nossos próprios pensamentos, sentimentos e comportamentos. É uma jornada de descoberta interior que nos permite ver além das ilusões e condicionamentos que moldam nossas percepções e ações diárias. Nesta seção, vamos explorar os primeiros estágios da autoconsciência, os diversos sentimentos que emergem durante essa fase, e como lidar com a voz interior que desafia nossas novas percepções.

Primeiros Estágios da Autoconsciência
Os primeiros estágios da autoconsciência são frequentemente caracterizados por uma série de revelações e epifanias sobre nossa própria natureza e o mundo ao nosso redor. Esses estágios iniciais incluem:

Reconhecimento dos Hábitos Automáticos

Começamos a perceber padrões de comportamento e pensamento que antes passavam despercebidos.
Identificamos gatilhos que nos levam a agir de maneira automática e muitas vezes contraproducente.
Questionamento das Crenças

Começamos a questionar crenças profundamente enraizadas que governam nossas ações e reações.
Passamos a entender que muitas dessas crenças foram adotadas sem uma reflexão consciente, influenciadas por nossa educação, cultura e experiências passadas.

Consciência Emocional

Tornamo-nos mais conscientes das nossas emoções e do impacto que elas têm em nossas decisões e comportamentos.
Aprendemos a nomear e identificar sentimentos em vez de simplesmente reagir a eles.
Sentimentos Comuns nos Primeiros Estágios
Durante os primeiros estágios da autoconsciência, uma gama de sentimentos pode surgir. Alguns dos sentimentos mais comuns incluem:

Confusão e Desorientação

A consciência de novos padrões e crenças pode inicialmente causar uma sensação de desorientação.
Questionar a própria realidade pode ser desconcertante, levando a uma sensação de instabilidade.

Resistência e Negação
Podemos sentir resistência ao reconhecer verdades desconfortáveis sobre nós mesmos.
A negação pode surgir como uma defesa contra mudanças que parecem ameaçadoras.

Culpa e Vergonha
À medida que nos tornamos mais conscientes de nossos comportamentos e suas consequências, podemos sentir culpa ou vergonha por ações passadas.
Esses sentimentos podem ser difíceis, mas também são oportunidades para crescimento e aprendizado.

Esperança e Excitação
A descoberta de novas possibilidades e a esperança de transformação positiva também são sentimentos comuns.
Sentimos entusiasmo ao vislumbrar uma versão melhorada de nós mesmos e de nossas vidas.

A Voz Interior: O Desafio da Autenticidade

Durante essa fase de descoberta, é comum enfrentar uma voz interior crítica que questiona a validade de nossas novas percepções e insights. Essa voz pode dizer coisas como:

"Isso é uma bobagem. Nada disso é verdade."
"Você está se enganando. A realidade é que você não pode mudar."
"Essa autodescoberta é uma perda de tempo. Volte ao que você conhece."
Essa voz representa a resistência interna às mudanças e à reprogramação mental. É a manifestação das nossas dúvidas e medos profundamente enraizados, muitas vezes reforçados por anos de condicionamento.

Superando a Voz Interior
e as Ilusões da Matrix

A realidade que percebemos é muitas vezes uma construção baseada em condicionamentos sociais, culturais e pessoais. Viver em uma "matrix" de ilusões significa que muitas das nossas percepções e crenças são moldadas por fatores externos que não refletem necessariamente a verdade absoluta. Para superar essa voz interior crítica e as ilusões da matrix, podemos:

Praticar a Autocompaixão

Ser gentil consigo mesma durante o processo de autodescoberta. Reconhecer que a mudança é difícil e que é normal enfrentar resistência.

Buscar Conhecimento e Verdade

Continuar a aprender e expandir o conhecimento sobre si mesma e o mundo.
Ler livros, participar de workshops e conversar com outras pessoas que estão em jornadas similares.

Desenvolver a Intuição

Confiar na própria intuição e nos insights que surgem durante a meditação e reflexão.
Aprender a distinguir entre a voz interior crítica e a sabedoria interior genuína.

Criar um Ambiente de Suporte

Cercar-se de pessoas que apoiem e incentivem o crescimento pessoal.
Evitar ambientes e pessoas que reforçam crenças limitantes e negativas.

Manter um Diário de Reflexão

Registrar pensamentos, sentimentos e progressos diários.
Revisitar entradas antigas para observar o crescimento e as mudanças ao longo do tempo.

Conclusão

Desenvolver a autoconsciência é um processo contínuo e transformador. Os primeiros estágios podem ser desafiadores, cheios de emoções intensas e uma voz interior crítica. No entanto, ao persistir e investir na mente, podemos desvendar as ilusões da matrix e alcançar uma vida de maior autenticidade, sucesso e autorrealização. A jornada de autodescoberta é uma das mais valiosas que podemos empreender, levando-nos a viver de maneira mais consciente e alinhada com nossos verdadeiros desejos e propósitos.

O Despertar da Consciência

Imagine que você está vivendo sua vida normalmente, cumprindo suas rotinas diárias, mas dentro de você sempre houve um turbilhão de questionamentos.

Algo em seu interior constantemente sugere que as coisas que você está aprendendo e aceitando como verdade não são exatamente assim. Há uma parte profunda de sua consciência — sua alma, seu espírito — que insiste em dizer que a verdadeira verdade sobre os aspectos da sua vida é diferente daquilo que você conhece.

A Voz Interior e a Resistência da Mente

Sua mente pode se recusar a aceitar essas novas verdades. Ela tenta se agarrar ao conforto das velhas crenças e resistir às mudanças. Essa resistência é natural, pois a mente humana tende a preferir o familiar e o seguro. No entanto, a consciência dentro de você continua a gritar, tentando despertar você para uma realidade maior. Essa voz interior, que parece estar em constante conflito com seus pensamentos racionais, é uma força poderosa que busca libertá-lo dos limites e travas autoimpostas.

Sincronicidades e o Chamado do Universo

À medida que você continua com sua vida diária — indo ao trabalho, passeando, visitando amigos — uma série de sincronicidades começa a ocorrer. Você vê números iguais repetidamente, ouve músicas com letras que parecem falar diretamente com você, e encontra mensagens em lugares inesperados. Essas coincidências não são meras casualidades; é como se o universo estivesse tentando comunicar algo importante, incentivando você a acordar e prestar atenção.

O Momento de Escolha:
A Pílula Vermelha ou a Azul

Assim como no filme "Matrix", você chega a um ponto em que deve tomar uma decisão crucial. Você pode tomar a pílula azul, que representa continuar vivendo sua vida como sempre, ignorando os sinais e retornando ao conforto das suas antigas crenças.

Ou você pode tomar a pílula vermelha, escolher aceitar as sincronicidades, reconhecer as verdades que sua alma está tentando revelar, e embarcar em uma jornada de despertar e transformação.

Investindo na Mente para um Salto Quântico

Reconhecendo que sua mente está constantemente tentando torná-lo consciente, você percebe que precisará investir significativamente nela para alcançar um salto quântico. Mas o que é exatamente um salto quântico?

O Que é um Salto Quântico?
Um salto quântico é uma mudança radical na sua consciência e na percepção da realidade. No mundo da física, um salto quântico refere-se à transição abrupta de um elétron de um nível de energia para outro dentro de um átomo. Analogamente, um salto quântico na mente humana é uma transformação súbita e profunda na forma como você vê a si mesmo e o mundo ao seu redor.

Características de um Salto Quântico
Mudança Radical de Perspectiva.

Você começa a ver a vida e seus desafios de uma maneira completamente nova.
A percepção das suas capacidades e do seu potencial expande-se significativamente.

Liberação de Crenças Limitantes

As crenças que antes limitavam seu crescimento são substituídas por novas verdades que promovem liberdade e expansão.
Você se liberta de condicionamentos antigos que já não servem ao seu propósito.

Aumento da Intuição e Sincronicidade

Sua intuição torna-se mais aguçada, permitindo-lhe tomar
decisões mais alinhadas com seu verdadeiro eu.
As sincronicidades aumentam, servindo como guias e
confirmações do seu caminho.

Expansão da Consciência

Você se torna mais consciente das interconexões entre todas as
coisas e começa a ver além da superfície.
A percepção de uma realidade mais ampla e complexa torna-se
clara.

Aumento da Criatividade e Inovação

Novas ideias e soluções criativas surgem com mais facilidade.
Você se sente inspirado e motivado a criar e inovar em todas as
áreas da sua vida.
Como Alcançar um Salto Quântico

Praticar Meditação e Mindfulness

Desenvolva uma prática regular de meditação para acalmar a
mente e abrir espaço para novas percepções.
Pratique mindfulness para estar presente e consciente em cada
momento.

Estudar e Aprender Continuamente

Invista em sua educação e desenvolvimento pessoal. Leia livros, participe de cursos e workshops, e busque conhecimento que expanda sua consciência.

Desenvolver a Intuição

Confie em sua intuição e siga os insights que surgem. Pratique ouvir e seguir a voz interior que guia você para a verdade.

- Criar um Ambiente Positivo
- Organize seu espaço físico e social para apoiar seu crescimento.
- Cercar-se de pessoas que incentivam e apoiam seu desenvolvimento.
- Journaling e Reflexão
- Mantenha um diário para registrar suas experiências, insights e progressos.
- Use o journaling como uma ferramenta para auto-reflexão e autoconsciência.

Capítulo V

Investindo na mente

O Investimento na Mente - A Chave para a Autonomia Pessoal
A sociedade moderna nos ensina a gastar nosso dinheiro, tempo e energia em todo tipo de coisa — bens materiais, entretenimento, e até mesmo em busca de validação social. Desde cedo, somos bombardeados com propagandas que nos dizem o que comprar, onde ir, e como viver. No entanto, pouco nos ensinam sobre investir em nossa própria mente, o que é fundamental para alcançar autonomia e sucesso duradouro.

Analogias sobre Gastos e Investimentos

Vamos imaginar algumas analogias para entender melhor essa ideia:

Carro Novo vs. Motor Renovado
Comprar um carro novo é emocionante e visível para todos. No entanto, se o motor não estiver bem cuidado, o carro não irá longe. Da mesma forma, gastar dinheiro em coisas superficiais pode ser satisfatório no curto prazo, mas sem investir na mente (o motor), não podemos sustentar um progresso real e duradouro.

Casa Decorada vs. Fundamentos Sólidos
Decorar uma casa é divertido e faz com que pareça bonita, mas se a fundação estiver rachada, a casa desmoronará eventualmente. Assim, investir em roupas, gadgets, e outros bens materiais sem fortalecer a mente é como construir em terreno instável.

Publicidade vs. Educação

A publicidade nos diz o que comprar para sermos felizes, mas a educação nos ensina como pensar criticamente e tomar decisões que realmente melhoram nossa vida. Investir em educação e desenvolvimento pessoal é como investir em um fundo de poupança que rende dividendos ao longo da vida.
O Poder do Investimento na Mente
Investir na mente é crucial porque:

Proporciona Autonomia: A mente bem treinada não é facilmente influenciada por propaganda ou manipulação.
Fomenta Crescimento Pessoal: Desenvolve habilidades e conhecimentos que aumentam as oportunidades na vida.
Aumenta a Resiliência: Ajuda a lidar com desafios e adversidades com mais facilidade.
Garante Decisões Informadas: Permite tomar decisões intencionais e estratégicas, levando a um sucesso sustentado.

Um Orçamento Fictício para
o Crescimento Mental

Vamos imaginar um orçamento fictício, com foco em investir tanto em crescimento pessoal quanto financeiro. Assim como um investidor que começa com pequenos passos e termina com uma grande fortuna, investir na mente segue um caminho semelhante.

Orçamento Mensal Fictício:

Educação e Treinamento: $100

Cursos Online: Plataformas como Coursera, Udemy, etc.
Workshops e Seminários: Desenvolvimento de habilidades específicas.
Leitura e Recursos: $50

Livros: Compras mensais de livros de desenvolvimento pessoal, negócios, e autoajuda.
Assinaturas de Revistas/Artigos: Acesso a conteúdo de alta qualidade.
Saúde Mental e Bem-Estar: $50

Meditação e Mindfulness: Inscrição em aplicativos ou aulas.
Terapia/Coaching: Sessões mensais com um terapeuta ou coach.
Networking e Crescimento Social: $30

Eventos de Networking: Participação em encontros e conferências.
Grupos de Discussão: Associações a clubes ou grupos de interesse.
Ferramentas e Tecnologias: $20

Aplicativos de Produtividade: Softwares que ajudam na organização e eficiência.
Ferramentas de Aprendizagem: Aplicativos de idiomas, programas de treino mental.
Total Investido Mensalmente: $250

A Trajetória do Investidor Mental

Vamos seguir a trajetória desse investidor fictício:

Primeiros Passos:

Pequenos Investimentos: Inicialmente, começa com pequenos investimentos em cursos e livros, focando em adquirir novos conhecimentos e habilidades.
Desenvolvimento de Hábitos: Cria hábitos diários de leitura e prática de meditação.

Expansão do Conhecimento:
Cursos Avançados: Inscreve-se em programas mais avançados e específicos, aumentando sua expertise em áreas de interesse.
Mentoria: Encontra mentores que ajudam a guiar seu desenvolvimento pessoal e profissional.

Fortalecimento da Rede:
Networking: Expande sua rede de contatos através de eventos e grupos, trocando experiências e aprendizados.
Colaborações: Inicia projetos colaborativos que aumentam seu portfólio e experiência.

Implementação de Habilidades:
Aplicação Prática: Aplica as habilidades aprendidas em projetos reais, melhorando continuamente.
Inovação: Cria novos métodos e soluções, destacando-se em sua área.

Autonomia e Crescimento Sustentado:
Independência: Torna-se cada vez mais autônomo, confiando na própria capacidade de aprendizagem e adaptação.
Sucesso Financeiro e Mental: Alcança uma posição de estabilidade financeira e mental, fruto de anos de investimento constante.

O Banco de Investimento da Mente:
Investir na mente é uma jornada contínua e recompensadora. Para tornar esse processo mais tangível e motivador, vamos criar o "Banco de Investimento da Mente". Este banco fictício permitirá que o investidor mental ganhe uma pontuação de enriquecimento mental a cada passo que der em prol do seu desenvolvimento.

O Banco de Investimento da Mente

Como Funciona
Cada ação realizada para investir na mente é recompensada com pontos de enriquecimento mental. Estes pontos acumulam-se ao longo do tempo, refletindo o progresso e o crescimento do investidor mental. A seguir, apresentamos uma tabela fictícia de ações que o investidor pode realizar ao longo de um ano, com sugestões de frases mentais que servirão como âncoras diárias.

Tabela de Ações Mensais e Pontuação

Janeiro: Início da Jornada
Definir Objetivos de Desenvolvimento
Ação: Escrever metas claras e específicas para o desenvolvimento mental.
Pontuação: 100 pontos
Âncora Mental: "Metas claras, mente forte."

Estabelecer uma Rotina de Leitura Diária
Ação: Ler 20 minutos por dia livros de desenvolvimento pessoal.
Pontuação: 50 pontos por semana
Âncora Mental: "A cada página, uma nova perspectiva."

Fevereiro: Aprofundamento Inicial
Meditação Diária
Ação: Praticar meditação por 10 minutos todas as manhãs.
Pontuação: 50 pontos por semana
Âncora Mental: "Calma na mente, paz no coração."

Participar de um Workshop Online
Ação: Inscrever-se e participar de um workshop de desenvolvimento pessoal.
Pontuação: 150 pontos
Âncora Mental: "Aprender é crescer."

Março: Expansão de Conhecimento
Curso Online de Habilidades Específicas
Ação: Completar um curso online sobre uma habilidade que deseja melhorar.
Pontuação: 200 pontos
Âncora Mental: "Novas habilidades, novos horizontes."

Journaling Diário
Ação: Escrever diariamente sobre pensamentos, sentimentos e aprendizados.
Pontuação: 50 pontos por semana
Âncora Mental: "Escrever é libertar a mente."

Abril: Networking e Conexões
Participar de Eventos de Networking
Ação: Participar de pelo menos dois eventos de networking.
Pontuação: 100 pontos por evento
Âncora Mental: "Conexões fortes, crescimento sólido."

Grupos de Discussão
Ação: Entrar em grupos de discussão ou clubes de leitura.
Pontuação: 50 pontos por participação
Âncora Mental: "Troca de ideias, enriquecimento mútuo."

Maio: Saúde Mental e Bem-Estar
Sessões de Terapia ou Coaching
Ação: Participar de sessões mensais de terapia ou coaching.
Pontuação: 150 pontos por sessão
Âncora Mental: "Cuidar da mente é cuidar de si."

Praticar Mindfulness
Ação: Incorporar práticas de mindfulness nas atividades diárias.
Pontuação: 50 pontos por semana
Âncora Mental: "Estar presente é estar vivo."

Junho: Inovação e Criatividade
Projetos Criativos
Ação: Iniciar um projeto criativo, como escrever um blog ou criar arte.
Pontuação: 200 pontos
Âncora Mental: "Criar é expandir a mente."

Aprender uma Nova Língua
Ação: Começar a aprender uma nova língua através de aplicativos ou cursos.
Pontuação: 150 pontos
Âncora Mental: "Novos idiomas, novas portas."

Julho: Aplicação Prática
Implementar Novas Habilidades no Trabalho
Ação: Aplicar as habilidades aprendidas em projetos
profissionais.
Pontuação: 200 pontos
Âncora Mental: "Aplicar é transformar."

Feedback e Reflexão
Ação: Solicitar feedback e refletir sobre o progresso.
Pontuação: 100 pontos
Âncora Mental: "Refletir é crescer."

Agosto: Expansão Social
Voluntariado
Ação: Participar de atividades de voluntariado na comunidade.
Pontuação: 150 pontos
Âncora Mental: "Servir é enriquecer a alma."

Mentoria
Ação: Oferecer-se como mentor para alguém que precise de
orientação.
Pontuação: 100 pontos
Âncora Mental: "Ajudar é aprender duas vezes."

Setembro: Educação Contínua
Inscrição em Cursos Avançados
Ação: Inscrever-se em cursos mais avançados e especializados.
Pontuação: 200 pontos
Âncora Mental: "O aprendizado nunca termina."

Participação em Conferências
Ação: Participar de conferências na área de interesse.
Pontuação: 150 pontos por conferência
Âncora Mental: "Expandir conhecimentos, expandir horizontes."

Outubro: Revisão e Ajustes
Revisar Metas e Progresso
Ação: Revisar e ajustar as metas de desenvolvimento mental.
Pontuação: 100 pontos
Âncora Mental: "Avaliar para avançar."

Autocrítica Construtiva
Ação: Praticar autocrítica construtiva e ajustar comportamentos.
Pontuação: 50 pontos por semana
Âncora Mental: "Melhorar continuamente."

Novembro: Fortalecimento da Resiliência
Práticas de Resiliência
Ação: Praticar técnicas para aumentar a resiliência, como
exercícios de respiração e visualização.
Pontuação: 100 pontos
Âncora Mental: "Resiliência é força interior."

Leitura de Biografias Inspiradoras
Ação: Ler biografias de pessoas que superaram grandes desafios.
Pontuação: 50 pontos por livro
Âncora Mental: "Inspiração para superação."

Dezembro: Reflexão e Planejamento Futuro
Reflexão Anual
Ação: Refletir sobre todo o progresso realizado ao longo do ano.
Pontuação: 200 pontos
Âncora Mental: "Refletir é reconhecer o próprio valor."

Planejamento para o Próximo Ano
Ação: Planejar novas metas e ações para continuar o crescimento
no próximo ano.
Pontuação: 150 pontos
Âncora Mental: "Planejar é se preparar para o sucesso."

Investir na mente é um processo contínuo e recompensador.
Cada ação, por menor que seja, contribui para o enriquecimento
mental e pessoal. Ao seguir este plano de investimento mental,
você estará construindo uma base sólida para uma vida de
sucesso e realização. Lembre-se, o verdadeiro crescimento vem
de dentro, e ao investir em sua mente, você ganha autonomia e
controle sobre sua própria vida.

Capítulo VI

Alinhamento de Propósito

Antes de mergulharmos no conceito de Alinhamento de Propósito, gostaria de compartilhar uma experiência pessoal que ilustra a importância de equilibrar corpo, mente e espírito. Após a minha última gestação, passei por um período extremamente difícil devido a um desequilíbrio hormonal. Foi uma fase assustadora e dolorosa, pois até entender o que estava acontecendo com meu corpo, enfrentei uma longa jornada de incertezas.

Minha Jornada Pessoal

Comecei a sentir fortes dores no peito, acompanhadas por uma sensação constante de que algo terrível estava prestes a acontecer. Essas dores eram tão intensas que pensei que poderia morrer a qualquer momento. Nunca havia experimentado nada parecido em toda a minha vida. As dores eram acompanhadas por medo, pânico, ansiedade e uma série de outros desequilíbrios que tornaram essa fase uma das mais desafiadoras para o meu corpo. De repente, comer, dormir e até pensar se tornaram tarefas árduas. A preocupação com a morte iminente dominava meus pensamentos, e a qualidade da minha vida despencou. Resumo essa parte da minha história para enfatizar a necessidade de um alinhamento harmonioso entre corpo, mente e espírito. Quando algo em nosso corpo está em desequilíbrio, toda a busca por uma vida plena e equilibrada, que venho mencionando ao longo deste livro, se torna extremamente difícil.

A Importância do Alinhamento

Durante essa fase difícil, comecei a estudar e buscar entender o que estava acontecendo com meu corpo. Após uma série de exames, descobri que muitos dos meus hormônios estavam deficientes ou ausentes. Essa descoberta me levou a perceber que faltava energia, força e vitalidade em meu corpo. Meu corpo não estava produzindo serotonina, oxitocina e outros hormônios essenciais para o meu bem-estar. Minha energia estava estagnada e nada parecia funcionar como deveria.

Através de exames e consultas médicas, descobri que um dos meus principais problemas era uma TPM severa que estava causando uma série de sintomas debilitantes. Esse processo de investigação e descoberta foi crucial para entender a importância do alinhamento entre corpo, mente e espírito.

Propósito

Agora, conectando essa experiência pessoal ao conceito de Alinhamento de Propósito, podemos entender que investir na mente é apenas uma parte do todo. Também é essencial investir no corpo e compreender como ele está funcionando. Assim como eu precisei investigar e tratar meu desequilíbrio hormonal para recuperar minha qualidade de vida, precisamos buscar o alinhamento entre corpo, mente e espírito para atingir nossos objetivos e viver uma vida plena.

Quando falamos de Alinhamento de Propósito, estamos nos referindo à necessidade de definir e perseguir um objetivo claro e significativo em nossas vidas. Este alinhamento envolve reconhecer que a mente, o corpo e o espírito devem trabalhar em harmonia. Sem um corpo saudável, a mente não pode funcionar de maneira ideal, e sem uma mente equilibrada, nosso espírito não pode florescer.

A Conexão com Investir na Mente

Investir na mente é fundamental, mas é apenas um componente do investimento total em nosso ser. Assim como eu precisei ajustar minha saúde física para melhorar meu bem-estar geral, precisamos entender que o alinhamento de propósito exige atenção a todos os aspectos da nossa existência. Investir na mente, no corpo e no espírito cria uma sinergia que nos permite alcançar nossos objetivos e viver com maior satisfação e equilíbrio.

Conclusão
A história que compartilhei destaca a importância de um alinhamento harmonioso entre corpo, mente e espírito. A busca por um propósito definido, ou melhor, um alinhamento de propósito, é a jornada de integrar esses três aspectos fundamentais da nossa vida. Quando conseguimos essa integração, nos tornamos mais capazes de enfrentar desafios, alcançar nossos objetivos e viver uma vida rica e significativa. Investir na mente é um passo crucial, mas deve ser acompanhado pelo cuidado com o corpo e o espírito para atingir o verdadeiro equilíbrio e realização.

Alinhamento de Propósito
Precisamos buscar o alinhamento entre corpo, mente e espírito para atingir nossos objetivos e viver uma vida plena. Esse alinhamento é fundamental para que possamos viver com propósito, equilíbrio e realização. Vamos explorar os passos necessários para alcançar esse alinhamento, como utilizá-lo em nossa vida diária e como superar as resistências que possam surgir ao longo do caminho.

Passos para Alcançar o Alinhamento de Propósito

Autoconhecimento
Reflexão Pessoal: Reserve um tempo para refletir sobre quem você é, seus valores, crenças e objetivos. Pergunte a si mesmo o que realmente importa e o que você quer alcançar.

Journaling: Escreva diariamente sobre seus pensamentos e sentimentos. Isso ajuda a esclarecer suas metas e identificar áreas de sua vida que precisam de atenção.
Definição de Metas Claras

Metas de Curto Prazo: Estabeleça pequenas metas que possam ser alcançadas em semanas ou meses. Isso cria uma sensação de progresso e motivação.
Metas de Longo Prazo: Pense em onde você quer estar em um, cinco ou dez anos. Defina metas que alinhem com seus valores e aspirações de vida.

Cuidado com o Corpo
Exercício Regular: Envolva-se em atividades físicas que você gosta, seja caminhada, ioga, natação ou qualquer outra forma de exercício.

Nutrição Adequada: Alimente-se com uma dieta equilibrada que forneça energia e nutrientes necessários para o funcionamento ideal do corpo.
Sono de Qualidade: Priorize o sono, garantindo que você tenha um descanso adequado todas as noites.

Cuidado com a Mente
Meditação e Mindfulness: Pratique meditação diariamente para acalmar a mente e aumentar a consciência do momento presente.
Aprendizagem Contínua: Invista em sua educação e desenvolvimento pessoal através de cursos, leituras e outras formas de aprendizado.

Cuidado com o Espírito
Práticas Espirituais: Se você tem uma fé ou prática espiritual, dedique tempo para ela. Isso pode incluir oração, meditação, ou participação em uma comunidade espiritual.
Conexão com a Natureza: Passe tempo na natureza para recarregar e encontrar paz interior.

Construção de Relações Saudáveis
Rede de Suporte: Cerque-se de pessoas que te apoiam e inspiram. Construa relações baseadas em respeito mútuo e compreensão.
Comunicação Aberta: Pratique a comunicação aberta e honesta com os outros, expressando seus sentimentos e ouvindo ativamente.

Superando Resistências
Reconheça as Resistências
Identificação: Tome consciência das barreiras internas e externas que estão impedindo seu progresso. Isso pode incluir medo, dúvidas, críticas de outras pessoas ou falta de recursos.

Desenvolvendo Resiliência
Mentalidade Positiva: Cultive uma mentalidade positiva, focando nas oportunidades em vez dos obstáculos.
Autocompaixão: Seja gentil consigo mesmo e reconheça que desafios fazem parte da jornada de crescimento.

Crie um Plano de Ação
Passos Concretos: Desenvolva um plano de ação com passos específicos para superar as resistências. Isso pode incluir procurar ajuda profissional, ajustar suas rotinas ou buscar novos recursos.

Como Investir na Mente Pode Mudar Tudo

Investir na mente é a chave para transformar sua vida. Quando você dedica tempo e esforço ao desenvolvimento mental, abre portas para um mundo de possibilidades. A mente bem treinada é capaz de enfrentar desafios com confiança, tomar decisões informadas e perseguir objetivos com determinação. Aqui estão algumas maneiras pelas quais investir na mente pode mudar tudo:

Melhoria do Bem-Estar Geral: Um estado mental saudável promove uma sensação geral de bem-estar e felicidade.

Aumento da Produtividade: A mente clara e focada é mais produtiva, permitindo que você realize mais em menos tempo.
Resiliência Emocional: Investir na mente ajuda a desenvolver resiliência, tornando mais fácil lidar com os altos e baixos da vida.

Crescimento Contínuo: O aprendizado contínuo mantém sua mente ativa e engajada, sempre buscando novos conhecimentos e habilidades.

Chegar ao fim desta jornada é um testemunho de sua dedicação e compromisso com seu próprio crescimento. Agradeço por ter me acompanhado até aqui e por ter investido tempo e esforço em compreender a importância do desenvolvimento mental. Este é apenas o começo de uma jornada contínua e recompensadora.

Ao ler este livro, você já deu um passo enorme em direção ao investimento em sua própria mente. Continue a buscar o alinhamento de propósito, cuidando do corpo, da mente e do espírito. Que essa jornada te leve a uma vida de realização, sucesso e equilíbrio.

Obrigado por estar aqui. Que sua vida seja preenchida com crescimento, aprendizado e felicidade. Compartilhe esse manual com um amigo ou alguém que você ama.

Faça sempre o seu melhor!

Sandra Barros.

Resumo

Resumo Final: A Jornada do Investimento na Mente

Chegamos ao fim de uma jornada profunda e transformadora através deste livro. Percorremos juntos seis capítulos que abordam diferentes aspectos da vida e do desenvolvimento pessoal, desde as influências iniciais até o alinhamento de propósito. Vamos recapitular os principais pontos explorados até agora:

Capítulo 1: O Início de Tudo A Influência Pré-Natal

Neste primeiro capítulo, compartilhei um pouco da minha história, começando com as influências que moldaram minha infância e vida. Exploramos como as experiências pré-natais e os primeiros anos de vida podem ter um impacto significativo no desenvolvimento mental e emocional. Compreender essas influências é crucial para começar a jornada de autoconhecimento e desenvolvimento pessoal.

Capítulo 2: Descobrindo o Poder da Mente

No segundo capítulo, aprofundamos na compreensão do poder da mente. Discutimos como nossos pensamentos e crenças moldam nossa realidade e como podemos começar a tomar consciência dos padrões mentais que influenciam nosso comportamento e nossas emoções. Este capítulo destacou a importância de reconhecer e harnessar o poder da mente para criar a vida que desejamos.

Capítulo 3: Reprogramando a Mente

Aqui, exploramos as etapas e técnicas para reprogramar a mente. Falamos sobre a importância de identificar e substituir crenças limitantes, utilizando ferramentas como a visualização, afirmações positivas e práticas de mindfulness. A reprogramação mental é essencial para superar barreiras internas e alcançar novos níveis de sucesso e realização.

Capítulo 4: Desenvolvendo Autoconsciência

No quarto capítulo, discutimos os primeiros estágios da autoconsciência e os sentimentos que surgem durante essa fase. Abordamos a importância de ouvir nossa voz interior e de reconhecer as ilusões que muitas vezes confundem nossa percepção da realidade. A autoconsciência nos permite alinhar nossas ações com nossos valores e objetivos mais profundos, promovendo um crescimento pessoal significativo.

Capítulo 5: Investindo na Mente

Este capítulo destacou a necessidade de investir na mente como uma prioridade para alcançar autonomia e controle sobre a própria vida. Utilizamos analogias para mostrar como as pessoas frequentemente gastam tempo, dinheiro e energia em várias áreas, mas muitas vezes negligenciam o investimento mental. Criamos um plano de investimento mental para ilustrar como pequenos passos podem levar a um enriquecimento mental e pessoal significativo ao longo do tempo.

Capítulo 6: Alinhamento de Propósito

Finalmente, no sexto capítulo, discutimos o conceito de alinhamento de propósito, substituindo a palavra "propósito definido". Compartilhei minha experiência pessoal de lidar com um desequilíbrio hormonal e como isso afetou minha busca por equilíbrio entre corpo, mente e espírito. Discutimos a importância de definir metas claras, cuidar do corpo, mente e espírito, e superar resistências para alcançar uma vida plena e equilibrada.

Conclusão

Chegar ao fim desta leitura é um testemunho de sua dedicação ao seu próprio crescimento. Cada capítulo deste livro foi projetado para guiá-lo em uma jornada de autodescoberta e desenvolvimento pessoal. Desde compreender suas influências iniciais até alinhar suas ações com seus objetivos mais profundos, você agora possui ferramentas e conhecimentos para transformar sua vida.

Agradecimentos

No entanto, a verdadeira transformação vem da aplicação prática desses conhecimentos. Após ler tudo, é fundamental que você reflita sobre os aprendizados e chegue às suas próprias conclusões. Cada indivíduo é único, e o caminho para o crescimento pessoal e a realização é pessoal e singular. Use este livro como um guia, mas confie em sua intuição e experiência para moldar seu próprio caminho.

Obrigado por me acompanhar nesta jornada. Ao chegar até aqui, você já deu um passo enorme em direção ao investimento em sua própria mente e ao alinhamento de propósito. Continue explorando, aprendendo e crescendo. Que sua vida seja rica em descobertas, realizações e felicidade.

Primeiramente, quero expressar minha gratidão a Deus, cuja presença e orientação me sustentaram em cada etapa desta jornada. Agradeço imensamente à minha família, cujo amor, apoio e compreensão foram fundamentais para que eu pudesse dedicar meu tempo e energia à escrita deste livro.

Dedico este livro a todas as pessoas que estão em processo de despertar e no caminho do autoconhecimento. Este é um livro para aqueles que buscam amadurecimento e compreensão de que o seu mundo exterior é um reflexo direto do seu mundo interior. Este caminho de investimento em si mesmo é contínuo e estará sempre acompanhando vocês por toda a vida.

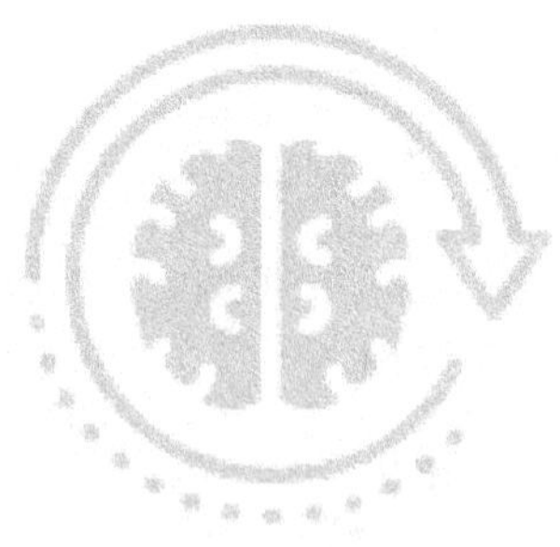

Aos que estão nessa jornada de desenvolvimento pessoal, quero alertá-los: estejam cientes de que coisas podem acontecer durante essa busca. As distrações são inevitáveis e surgirão de muitas formas. Guerras, pandemias e outras crises globais tentarão desviar seu foco. Mas lembrem-se, essas provações são partes do caminho e testes à sua determinação.

Não desistam. Cada passo que você dá em direção ao seu crescimento mental e espiritual é um investimento no seu futuro e no seu bem-estar. Mantenham-se firmes em seus propósitos, usem as ferramentas que aprenderam aqui e continuem a buscar o alinhamento entre corpo, mente e espírito.

Este livro é também dedicado às minhas duas filhas, Sophia e Thalita, que são minhas principais fontes de motivação para continuar e nunca parar a minha caminhada em direção à iluminação da minha consciência. A presença delas na minha vida me inspira a ser a melhor versão de mim mesma e a perseguir o crescimento contínuo com dedicação e amor.